DU COMMERCE
DU POISSON

A MARSEILLE,

PAR JUSTIN DROMEL.

MARSEILLE.
TYP. ET LITH. BARLATIER-FEISSAT ET DEMONCHY,
Place Royale, 7 A.

1855.

DU COMMERCE
DU POISSON

A MARSEILLE.

OBSERVATIONS PRÉLIMINAIRES.

Aucun gouvernement, plus que le gouvernement actuel, ne s'est préoccupé des grands intérêts matériels des masses; aucun n'a accepté avec plus de courage les lourdes obligations que lui imposaient des circonstances critiques et exceptionnelles. Ceux-mêmes, qui seraient en dissidence sur les moyens à employer, lui rendent cette justice, et bien souvent, à la vue de ses constants efforts, ont fait taire leurs dissentiments. La certitude de voir ses intérêts les plus proches bien défendus a inspiré au pays cette quiétude, cette résignation qui l'aident à supporter les épreuves les plus difficiles.

Ainsi, sans attendre d'être pressé par l'opinion publique, le pouvoir prenait, il y a peu de temps, une hardie initiative dans la question de la boucherie parisienne ; instruit des abus que pouvait avoir produits la monopolisation de ce commerce, prévoyant ceux qu'elle ne pouvait manquer de faire naître, il comprit la nécessité d'intervenir, et de régulariser ce monopole, jusqu'alors sans garantie et sans contrepoids. Quelles que soient les difficultés que présentera le système de la taxe, quel que soit l'avenir qui lui est réservé, justice est déjà rendue aux généreuses intentions, qui ont motivé cette honorable tentative.

Cet esprit de bienveillante intiative pour les intérêts des masses devait nécessairement, du sommet de l'administration, se répandre au sein des administrations inférieures. Les autorités municipales de diverses villes importantes ont, à leur tour, suivi un exemple venu de si haut et dont l'intention était si bien comprise. On peut même dire qu'à ce moment l'impatience de l'opinion les a mises dans la nécessité d'agir, et d'agir sans retard. Divers essais ont été tentés, variables selon les circonstances et les localités ; ces mesures, improvisées dans un moment de hâte, recevront sans doute du temps et de l'expérience les améliorations qu'elles comportent ; quelques-unes essentiellement transitoires, disparaîtront avec les circonstances exceptionnelles qui leur ont donné naissance ; d'autres enfin doivent être considérées comme des essais hardis, réclamés par des intérêts alarmés et peut-être mal renseignés, mais auxquels il valait mieux, une fois pour toutes, accorder la satisfaction de l'expérience.

Quelle que soit la destinée diverse qui attend chacune de ces tentatives, l'intention est la même partout , à savoir : la défense des intérêts généraux des masses , surtout des classes laborieuses, contre l'avidité ou l'inintelligence des intérêts particuliers , en un mot, le bien public.

Cette appréciation impartiale des intentions de l'autorité ne saurait trop être répétée ; car les actes eux-mêmes froisseront bien souvent des intérêts, respectable à divers titres, qui ne voudront voir que la blessure qui leur sera faite.

Nous n'aurions encore rendu qu'une jnstice incomplète à l'autorité, si nous taisions les difficultés inouïes que présente la réglementation du commerce le plus simple et le plus élémentaire. Livré librement à son instinct, guidé par ses intérêts et son expérience , le commerce choisit toujours la pente qui lui est le plus propice ; ses circuits les plus longs, qu'on serait si porté à vouloir supprimer, ont leur raison d'être ; loin de rendre sa marche plus lente, ils la rendent plus rapide , en la rendant plus sûre ; supprimez-les, vous n'aurez plus un fleuve navigable, vous aurez le saut du Niagara. Travaillant sans cesse au perfectionnement de ses procédés, ne vivant que d'innovations, on ne le voit pourtant jamais rompre brusquement avec ses traditions pour se lancer dans l'inconnu. Il n'acceptera un procédé et ne consentira à le pratiquer sur une large échelle, qu'après plusieurs essais heureux, tentés par des individualités isolées. Ces individualités peuvent se compromettre pour leur étroit intérêt, ou se dévouer pour l'instruction de tous; on n'aura perdu que quelques soldats. Mais un commerce tout entier ne voudra jamais s'exposer à ce risque unique et indéfini de l'inconnu : il sait qu'il a, pour ainsi dire, charge d'âmes, et que par lui seul les nations s'alimentent et vivent. Mais de toutes les innovations, les plus antipathiques à sa nature sont, sans contredit, celles qu'on voudrait lui imposer d'autorité. Agissant à ses risques et périls, il a droit d'opérer en toute liberté, il a besoin d'agir avec toute confiance; or la confiance dans les procédés ne se commande pas plus que la confiance dans les personnes. Tel procédé qui fera peut-être la fortune de l'avenir n'occasionnera aujourd'hui que des désastres, soit qu'il n'ait pas encore acquis cette perfection que l'usage et le temps pourront seuls lui donner, soit que violemment imposé, il n'ait réussi qu'à effrayer tous les intérêts et à doubler toutes les résistances. D'ailleurs, ces craintes peuvent aisément se justifier : l'opération commerciale la plus simple renferme mille détails qui échappent à celui qui n'en a pas le secret ou plutôt l'expérience. C'est le travail de l'araignée; y porter la main, c'est le briser sûrement.

D'après toutes ces considérations, on aperçoit combien de répugnance soulèvera, dès l'abord, l'intervention directe de l'autorité dans le mécanisme commercial. On comprend aussi dans quelle proportion vont s'accroître les difficultés qu'il lui faudra vaincre. Si ces difficultés inévitables diminuent, dans une certaine limite, la part qui revient à l'autorité, dans le cas d'un insuccès ; elles doivent, d'un autre côté, la rendre très circonspecte à assumer une semblable responsabilité ; elles lui enseignent en outre que son action sera d'autant plus efficace qu'elle se fera moins sentir, et qu'elle arrivera d'autant plus près du but qu'elle s'éloignera moins de la voie de la liberté.

A Paris, avons-nous dit, l'autorité a été obligée d'avoir recours à la taxe, pour frapper un monopole, oublieux des obligations que lui imposait son privilége. Dans d'autres villes, les municipalités se sont vues forcées de susciter elles-mêmes une concurrence directe à des industries par trop paresseuses, et ont ainsi consacré ce principe de la liberté commerciale qu'avec raison elles n'avaient jamais voulu sacrifier. Ailleurs, divers expédients ont été essayés, et divers systèmes rapidement improvisés

A Marseille, l'autorité municipale a cru devoir expérimenter sur le poisson le système de la vente à la criée.

Avant d'aborder l'examen de ce mode de vente, en lui même, disons pourquoi, selon nous, l'expérimentation s'est portée de préférence sur le commerce du poisson.

Il existe depuis quelques années, à Marseille, un préjugé qui consiste à croire que le commerce du poisson donne à ceux qui s'y livrent des bénéfices immenses ; que certains intermédiaires exercent des prélibations exorbitantes, dont l'effet immédiat serait de faire renchérir outre mesure les produits de notre pêche maritime.

De ce que le prix du poisson est, depuis quelques années, plus élevé qu'il n'a jamais été, on en a conclu que ce commerce procurait des bénéfices inouïs, auxquels il fallait mettre un terme. Nous ne voyons pas pourquoi à la première hausse des sucres et des blés, on n'en dirait pas tout autant des négociants en sucre ou en blé. Au lieu de rechercher quelles pouvaient être les causes de cette élévation des prix, et, après avoir découvert l'origine du mal, d'indiquer quel devait en être le remède, on a mieux aimé choisir une victime, et crier : haro sur le baudet. La chose était plus facile.

Des journaux n'ont pas craint de répéter, et d'accréditer encore davantage en la répétant, cette assertion que son exagération même aurait dû rendre si difficilement acceptable. Prenant sans doute les rêves de leur brillante imagination pour des réalités, ils en sont presque venus à supputer les millions que prélevait indûment sur la consommation ce commerce *californien* (sic), quand il leur aurait été si facile de s'épargner ces pénibles calculs et ces affirmations incroyables d'étourderie.

D'un autre côté, ils mettaient en faveur le système dit *à la criée*. Ce système, ainsi que toute chose a ses avantages, comme ses inconvénients; les journaux n'ont vu que les premiers et ont fermé les yeux sur tout le reste. D'ailleurs, ils ont fort peu compris et nullement étudié le système qu'ils prônaient. Le *Sémaphore* est le seul, croyons-nous, qui ait distingué la vente à la criée facultative et la vente à la criée obligatoire. Enfin, une commission, nommée par la municipalité, s'est rendue sur les lieux où se pratiquait ce mode de vente, et, si nous sommes bien renseignés, elle aurait rapporté de cette mission une conviction tout autre que celle qu'espéraient les journaux.

Néanmoins, égarée par ces clameurs irréfléchies, une portion de la population s'amourachait de la vente à la criée qu'elle ne connaissait pas, en désirait vivement l'expérimentation *in animâ vili*, c'est-à-dire sur une branche de commerce qui ne l'intéressât tout au plus **qu'au point de vue d'une consommation restreinte.**

Le commerce du poisson était désigné par les choses elles-mêmes pour être le sujet sur lequel on expérimenterait. Ce commerce par sa nature, sa spécialité, ses désagréments est localisé dans quelques familles qui le pratiquent héréditairement, et il ne touche le reste de la population qu'au point de vue de la consommation. Son isolement, aussi bien que les supputations *californiennes* de ses bénéfices, dont nous avons parlé tantôt, le dévouaient d'avance au sacrifice.

Si l'autorité municipale n'avait rien fait, ou si elle s'était bornée à vouloir éclairer l'opinion publique, à démontrer que ces bénéfices exagérés, dont on avait tant parlé, n'existaient que dans des imaginations malades, que ce système, qu'on avait tant vanté comme moyen d'obtenir des prix réduits, pourrait fort bien, lorsqu'il serait appliqué franchement, donner le résultat contraire, on aurait hésité à ajouter foi à ses paroles. Pour des esprits prévenus, la vérité ressemble au breuvage amer que le malade repousse. Une fois dans les illusions on ne s'arrête plus. L'inaction de l'autorité aurait été taxée d'oubli de ses devoirs, et peut-être même, (qui peut dire où s'arrêteront ceux qui ne raisonnent plus?), de connivence ou de mauvais vouloir.

Mieux valait une démonstration matérielle, un fait. C'est ainsi que nous croyons pouvoir expliquer l'arrêté du 26 septembre.

Et nous le répétons, que l'autorité ait partagé ou non l'erreur commune, une chose ne saurait être mise en doute, c'est la loyauté, la bonté, la génorisité de ses intentions. Et si quelque chose a pu nous encourager à **aller jusqu'au bout** dans les recherches que nous nous proposons , c'est la conviction que nous avons acquise par nous-mêmes que cette justice lui était rendue par ceux dont les intérêts étaient le plus gravement compromis.

Faisons donc ce travail d'enquête devant lequel les journaux ont reculé. Examinons ce qui se pratiquait de temps immémorial. Ces études rétrospectives feront mieux, que quoi que ce soit, connaître le terrain sur lequel on a à marcher, et , par leur résultat, pourront surprendre bien de ceux qui se sont posés en juges de la matière et qui en ont parlé avec le plus de confiance.

Une remarque bonne à faire avant d'aller plus loin semble devoir se présenter, tout d'abord, à l'observateur même le moins réfléchi. Ce système tant dénigré, et à qui seul on impute la cherté du poisson , n'est pas une invention nouvelle; il existe de temps immémorial , il existait à une époque où le poisson était à des prix excessivement bas , et où pêcheurs et intermédiaires gagnaient peut-être plus largement leur vie qu'aujourd'hui. A cette époque ce mode de vente ne faisait pas renchérir le poisson ; si la cause est restée la même , il est difficile de croire que ses effets auront changé du tout au tout. Cette anomalie signalée aurait au moins fait suspendre le jugement; on aurait étudié l'affaire à nouveau et peut-être , si l'on avait cessé de voir ce que l'on voulait voir quand même , on aurait fini par découvrir ce que l'on n'avait jamais eu le courage d'avouer. Comme on s'en aperçoit, la question était utile à poser. Cette considération valait la peine qu'on s'y arrêtât; elle aurait remis dans le droit chemin l'opinion égarée; elle aurait fait naître le désir de chercher une autre origine au mal existant, car, à nos yeux, elle eût presque suffi à mettre l'ancien système hors de cause et de procès.

Il est vrai que l'autre manière de procéder était plus commode, elle dispensait de toute recherche fastidieuse, mais elle créait, en compensation, de graves embarras pour l'avenir.

Entre les deux méthodes, juge qui voudra.

Une autre question se présente encore tout naturellement à l'esprit. Si ce commerce donne les résultats californiens que l'on sait, il est certain que nous trouverons quelque part les fortunes colossales, scandaleuses de rapidité, qui auront pris naissance dans ce beau pays. On cherche et l'on ne trouve rien. Comment ! on franchit les mers, on s'expose mille fois à se faire scalper par des sauvages de tous pays, pour aller recueillir quelques misérables grains d'or dans les *placers* les plus inhospitaliers, et l'on avait, là, près de soi, une Californie, toute ouverte et sans *revolvers* ; hâtons-nous, car cette terre de bénédiction ne peut manquer d'être envahie bientôt, accessible qu'elle est à tout le monde......

Laissons ces rivages dorés, et reprenons le ton sérieux que comporte le sujet que nous traitons.

La libre concurrence laisse ordinairement peu de chose à faire après elle ; les intérêts s'y classent, de la façon la plus opportune et la plus régulière ; cependant, il arrive quelquefois qu'elle s'endort, et alors il est bon de la réveiller. Dans ce cas, il y a bien encore la liberté, mais il n'y a plus la concurrence. De deux choses l'une : ou bien tous les interessés s'entendent pour élever les prix, réalisent des bénéfices révoltants, forment, en un mot, une coalition, que la loi peut atteindre, ou bien leur apathie favorise une trop grande division du travail, qui exagère les frais généraux. La première hypothèse trouve la loi tout armée, on n'a qu'à déférer aux tribunaux les commerçants coalisés. Dans la seconde supposition, le remède est bien simple, et il s'appliquerait même au cas de coalition. Si les prix sont réellement excessifs, qu'un nouveau concurrent fasse invasion dans la place, fixe des prix plus bas, attire vers lui toutes les affaires par le bon marché, et bientôt il gagnera plus avec des prix réduits que ses concurrents avec des prix exorbitants. Voilà ce qui se fait tous les jours, dans tous les commerces possibles.

Le commerce du poisson était-il coupable de coalition? Par cela seul qu'aucune poursuite judiciaire n'a été intentée, nous sommes autorisés à dire qu'il n'y a jamais rien eu de pareil. Mais, il faut le reconnaître, cette accusation n'a jamais été formulée, même vaguement, par ceux qui ont cru faire preuve de science, en accumulant les griefs les plus contradictoires. Nous parlerons plus tard de ces prétendues caves où l'on laissait le poisson se gâter, par esprit de spéculation. Nous n'aurions jamais osé consigner, même pour la combattre, cette étonnante assertion, si nous n'avions rencontré des hommes très-sérieux qui l'acceptaient comme fort naturelle.

Y avait-il davantage exagération des commissions et frais généraux? Pour répondre à cette question, il faut des chiffres, et le mieux est d'exposer en entier le système, tel qu'il se pratiquait. On trouvera une organisation quelquefois primitive, naïve dans sa forme, mais toujours simple, rationnelle, ingénieuse. Nous ne pousserons pas l'optimisme jusqu'à prétendre qu'il n'y avait rien à faire, rien à corriger, que tout était pour le mieux dans le meilleur des systèmes possibles ; nous dirons hardiment les choses comme elles nous sont apparues ; et cette exposition désintéressée montrera, nous en avons la conviction, que si les vices prétendus n'existaient pas là où l'on a appliqué le remède, ils existaient, de la façon la plus évidente, là où l'on n'a rien fait pour les détruire.

Pour nous, nous apporterons dans ces recherches le plus de soin possible, car, nous l'avoûrons, nous avons été émerveillés de rencontrer tant d'ordre, de justice et d'intelligence, là où l'on n'avait signalé que désordre, mauvaise foi, ignorance, et bien certainement les plus étonnés seront ceux qui s'étaient crus les mieux informés.

Le commerce du poisson repose sur les mêmes principes économiques que le commerce du blé, du sucre ou du café. Deux intérêts opposés sont toujours en présence, le producteur et le consommateur.

Entr'eux il n'y a qu'une loi possible : le contrat, l'accord mutuel et volontaire ; qu'une réglementation équitable : la liberté, c'est-à-dire l'absence de toute réglementation. Le prix n'est fixé ni par le vendeur, ni par l'acheteur, mais par les deux à la fois ; il est la résultante des deux forces opposées, il exprime le rapport entre l'offre et la demande.

Comme à Marseille, chacun est, sinon un économiste distingué, du moins plus ou moins commerçant, ces principes y sont largement vulgarisés, et nulle part la liberté indispensable au commerce n'est mieux comprise.

Donc, lorsqu'on a prétendu que le poisson se vendait
trop cher, on n'a jamais eu l'intention de dire que le
pêcheur avait tort de vendre les produits de sa pêche
au plus haut prix qu'il pouvait en obtenir. S'il y avait
un crime dans cet effort de tirer le meilleur parti de sa
marchandise, tout négociant aurait à se reprocher de le
commettre plusieurs fois par jour, et l'État aurait à
s'accuser d'avoir élevé des Bourses, d'avoir institué des
officiers ministériels, les courtiers, agents de change, etc.
comme qui dirait le temple et les grands prêtres, à la
seule fin d'en faciliter la perpétration. Au contraire il
est d'une bonne organisation commerciale, et d'une
entière justice que le producteur retire de son travail tout
le bénéfice possible, et, de tous les producteurs, le
pêcheur est à coup sûr le plus intéressant. Pour lui,
il n'y a ni trève ni repos; la nuit n'apporte le plus
souvent qu'un surcroît de travail et de fatigue. Le soldat
a ses instants de dangers, mais il n'est pas toujours sur
la brèche; le pêcheur est constamment sur l'abîme, et
pour lui il n'y a ni honneur ni gloire. L'heure de la
tempête est aussi l'heure des pêches miraculeuses. Pollion
nourissait ses murènes de chair humaine, et nous le
blâmons. Nous oublions que chaque poisson, qui paraît
sur nos tables, a exigé que plusieurs hommes fissent le
sacrifice de leur existence.

Quand nous lisons au coin du feu le récit des exploits
de nos flottes dans les eaux glacées de la Baltique et de la
Mer Noire, nous sommes glorieux de voir l'Angleterre,
cette reine des mers, saluer notre marine, sinon comme
une rivale, du moins comme une digne sœur. Eh bien !
ces soldats de la mer, qui ont à lutter contre tous les élé-

ments et contre tous les dangers, sont recrutés parmi les pêcheurs. Donc, l'humanité, aussi bien que les intérêts nationaux nous défendent toute spoliation, qui serait une injustice, un découragement et la ruine de notre marine nationale.

Si le consommateur se croit lésé par les hauts prix qu'il est forcé de payer, il ne doit jamais s'en prendre au producteur lui-même. La production ne peut être taxée, ni réglementée ; tout ce qui porterait atteinte à sa liberté, à la liberté du contrat, irait directement contre le but qu'on se serait proposé.

Par conséquent, le producteur est déjà hors de cause dans le procès que nous allons instruire et dans lequel le consommateur s'est posé en victime.

Mais, nous dira-t-on, un produit peut être fort cher, le consommateur, pour se le procurer, peut être forcé de subir de dures conditions, sans que le producteur lui-même profite de ces hauts prix. En effet, un produit passe rarement, sans intermédiaire, du producteur au consommateur. Entre ces deux points extrêmes se créent des agents, qui pour avoir, en bonne économie politique, leur raison d'être, doivent faire parvenir la marchandise du producteur au consommateur à moins de frais que n'en occasionnerait le déplacement de l'un ou de l'autre. Or, il faut le reconnaître, quelquefois ces intermédiaires, loin de réaliser cette économie qu'on attend d'eux, grèvent au contraire la marchandise de frais abusifs et inutiles, et, par suite d'une organisation vicieuse, font à eux seuls toute la cherté de ces denrées, sur lesquelles repose l'alimentation des populations.

La question, on le voit, pour en être réduite à une

question d'intermédiaires, n'a rien perdu de sa gravité.

Cette exagération du prix exigé pour les services de ces intermédiaires pourra exister, nous l'avons déjà indiqué, lorsqu'il y aura coalition, accaparement, entente criminelle, ou bien lorsque ces intermédiaires seront plus nombreux que ne l'exigeraient les opérations qu'ils ont à réaliser. Dans ces deux cas, les partisans de la liberté commerciale appelleront la concurrence, avec la ferme conviction qu'elle suffira à ramener les prix à un taux équitable; les partisans du système opposé auront recours à toute sorte de tarifs et d'expédients.

Nous n'entrerons pas dans la discussion de la valeur intrinsèque de ces deux principes, si deux principes il il y a. Nous nous bornerons à rechercher si les intermédiaires du commerce du poisson étaient dans le cas de motiver l'appel à la concurrence ou à tout autre procédé plus sévère.

Toutefois, et pour en finir avec ces observations générales, nous devons avouer que ce n'est pas toujours chose facile que de juger la valeur des services rendus par ces intermédiaires. Cette difficulté de les apprécier d'une façon exacte fait que souvent l'ignorance ou l'irréflexion sont portées à les nier, on tout au moins à ne pas en reconnaître la véritable importance et à les trouver toujours trop chèrement payés. Il n'est même pas rare, lorsque le mal existe et est ressenti vaguement par tous, de voir l'opinion publique, victime de cette difficulté de discernement, absoudre le coupable et condamner l'innocent.

Des intermédiaires dans le commerce du Poisson.

Nous n'avons pas à nous immiscer dans les rapports de simples matelots à patrons pêcheurs ; ils sont réglés par l'usage, et probablement par le bon sens. L'équipage, bateau, patron et matelots forment pour nous un tout complet, l'élément producteur.

Les intermédiaires qui font parvenir les marchandises au consommateur sont les *partisanes* et les *cacanes* et ensuite les *revendeuses*.

Les *cacanes* constituent l'aristocratie du corps des *partisanes* ; devrions-nous enlever à notre tableau quelque chose de son pittoresque et de sa couleur locale, nous nous dispenserons à l'avenir de nous servir de ces appellations burlesques, et *partisanes et cacanes* seront pour nous tout simplement des poissonnières.

Le produit de la pêche, étant porté à quai, est immédiatement dirigé vers le magasin de la poissonnière. Là, sans perdre une minute, à quelque heure du jour que la pêche soit arrivée, car le poisson est une denrée qui ne souffre pas de retards, le triage a lieu. Les qualités sont séparées par la poissonnière et pesées par peseurs publics. Il reste à en faire la distribution aux revendeuses des halles.

Chaque poissonnière a un certain nombre de revendeuses qu'elle appelle ses abonnées, à qui elle doit faire parvenir une part proportionnelle du poisson qu'elle reçoit, et qui, en retour, ne peuvent refuser le poisson qui leur est adressé.

Les quantités varient suivant la clientèle que possède la revendeuse. Chaque revendeuse peut être abonnée à plusieurs poissonnières, de façon qu'elle est sûre de recevoir sa part de poisson, dès que la pêche est arrivée ; elle n'a pas besoin pour cela de quitter son étal à la halle, elle sait que s'il arrive du poisson elle en aura. La poissonnière ayant intérêt à vendre son poisson au meilleur prix, comme nous le verrons plus tard, le divisera de la façon la plus intelligente et la plus conforme à ses intérêts et aux intérêts des pêcheurs.

Le triage, la séparation des qualités et la division des parts revenant à chaque revendeuse abonnée étant terminés, le poisson est porté du magasin de la poissonnière à l'étal de la revendeuse, et note exacte est prise de toute chose.

Jusque-là il n'y a ni perte de temps ni déplacement inutile ; la division du travail est aussi simple, aussi satisfaisante que possible : jusque-là aussi, bien des lecteurs en auront déjà fait la remarque, il n'a pas été fixé de prix.

Qui donc assumera cette grave responsabilité de faire la loi au producteur et au consommateur? personne, c'est-à-dire, tout le monde, mais surtout le consommateur.

Le poisson, arrivé à la halle est immédiatement mis en vente ; la revendeuse a intérêt à en retirer le plus haut prix, de façon à satisfaire la poissonnière qui a intérêt elle-même à satisfaire le pêcheur. Elle a encore un intérêt plus direct, on le verra bientôt.

D'après les quantités reçues, l'heure de la journée, l'état même de la température, qui peut faire présager pour le lendemain une pêche plus ou moins abondante, et surtout d'après la demande réelle ou présumée, selon que c'est un jour *gras* ou un jour *maigre* de la semaine, les exigences de la revendeuse finissent par s'accorder avec les offres des acheteurs, et les prix s'établissent. C'est une véritable vente à l'encan, à la criée dans laquelle le public est l'enchérisseur direct et immédiat, et la revendeuse, le facteur interessé, avons-nous dit, à vendre aux meilleures conditions.

Dès qu'un prix a été coté, dirait-on à la Bourse, la nouvelle s'en répand dans toute la halle, et les ventes se succèdent sans qu'il ait à subir désormais de bien grandes variations. Pourtant il pourrait se faire que des prévisions de nouvelles réceptions de poisson ne se réalisant pas, qu'un concours d'acheteurs plus grand qu'on ne l'avait prévu, ou bien, en sens contraire, que des envois inespérés de poisson, ou une absence d'acquéreurs renversant les calculs faits, les prix se modifiassent d'eux-mêmes, par le résultat naturel de l'offre et de la demande. Il est même rare que les prix ne varient pas du soir au matin, toujours sous l'influence des causes que nous avons exposées. Et cependant le prix auquel la poissonnière comptera le poisson à la revendeuse n'est pas encore fixé.

La poisonnière se tient constamment au courant des variations de cette cote presque officielle; elle parcourt les halles, ou envoie des émissaires, afin d'entendre les

marchés qui se font, elle ne dédaigne même pas de
descendre, dans ses investigations, jusqu'à demander
à la ménagère, qui sort de la halle et que la plupart du
temps elle ne connaîtra pas, à quelle condition elle a
réussi à faire ses achats. On comprend que toutes les
poissonnières, agissant individuellement et de la même
manière, elles doivent arriver à connaître le prix auquel
se sera vendue chaque qualité de poisson, à chaque
heure de la journée. Elles en prennent note par écrit ou
simplement dans leur souvenir. Le lendemain ou le
surlendemain le grand conseil se réunit ; toutes les
poissonnières traversent la halle, non sans quelque solen-
nité et s'assemblent dans le magasin de l'une d'elles.
Cette assemblée va fixer les prix des envois précédents ;
les revendeuses, saisies d'une juste frayeur à la vue de
ce tribunal féminin, qui va décider une si grave question,
cherchent, par quelques plaisanteries respectueuses, à
s'attirer la faveur de ces juges aux figures quelquefois
redoutables, et le peuple des halles, se souvenant sans
doute des choses de l'antique mère-patrie, pousse la
flatterie jusqu'à donner à ce tribunal en jupons le nom
athénien et prétentieux d'aréopage

Pénétrées de la gravité de l'acte qu'elles vont accom-
plir, ces femmes se communiquent les renseignements
qu'elles ont recueillis individuellement, et arrivent enfin
à la constatation du prix de vente, à la halle, de chaque
qualité de poisson, à chaque heure de la journée. Cette
constatation leur servira à fixer le prix à porter au
compte du patron, et à celui de la revendeuse. Quoique
le moment ne soit pas encore venu d'aborder les chiffres,
disons déjà que le prix porté au patron sera toujours et

exactement le même que le prix porté aux revendeuses ,
c'est-à-dire le prix même de la vente à la halle, déduction
faite *d'un tant par livre* (1), pour frais généraux, et
bénéfices de la revendeuse.

Examinons si l'intérêt du pêcheur est suffisamment
sauvegardé dans cette organisation toute primitive et
pleine de naïveté. La revendeuse, qui, au moment de
la vente, ignore à quel taux aura lieu la taxation, est
fortement intéressée à ne pas rester au-dessous de ce
taux éventuel et à vendre à de meilleures conditions, si
elle le peut, que toutes ses compagnes.

De là une émulation égoïste, si l'on veut, mais qui
garantit le pêcheur, mieux que toute intention philan-
thropique , contre une dépréciation exagérée de sa marchandise.

D'ailleurs, hâtons-nous de le reconnaître, on n'a
jamais accusé les revendeuses de vendre à des prix trop
bas. On nous reprochera peut-être de songer plus souvent
aux intérêts des pêcheurs qu'à ceux du consommateur ;
l'acccusation serait-elle vraie , que nous n'y verrions pas
grand mal , et que nous ne croirions que faire preuve de
justice et d'humanité. Il y a plus : le consommateur lui-
même est intéressé à ce que le producteur, loin d'être
lésé, soit encouragé et convenablement rétribué; favoriser le producteur, c'est agir dans l'intérêt large et bien
entendu du public ; sacrifier le pêcheur, c'est détruire la
pêche et par conséquent priver le consommateur de
poisson ; mais ici , le consommateur lui-même est
garanti.

(1) On devine déjà que nous reviendrons sur ce *tant par livre*
qui peut renfermer toute la question.

En effet, le poisson expédié par la poissonnière à la revendeuse, et dont le prix ne sera fixé que plus tard, est à partir de son arrivée à la halle aux risques et périls de la revendeuse. Donc, si d'un côté, elle a intérêt à le vendre au meilleur prix, elle est d'autre part obligée à le vendre quand même, et le plus tôt possible ; des exigences déraisonnables de sa part la condamneraient à ne vendre sa marchandise qu'après que toutes ses concurrentes auraient épuisé leur approvisionnement, c'est-à-dire lorsque sa marchandise aurait perdu de sa fraîcheur et par conséquent de sa valeur, et lui feraient, en outre, courir le risque redouté de la réception de nouvelles quantités ; on voit qu'il est impossible de trouver un plus juste équilibre entre les prétentions du producteur et celles du consommateur.

Voilà ce qui se passait pour le poisson dont l'arrivage était régulier ; mais pour la grande pêche (les *Madragues*, *Bordigues*, *Sardinaous*, *Eissaougues*), la distribution aux revendeuses se faisait autrement et d'une manière moins satisfaisante. Nous traiterons cette question en son lieu et l'on ne nous accusera pas de chercher à atténuer ce qui pouvait être à corriger.

Le moment est venu de dire un mot, pour ne plus y penser, de ces caves mystérieuses où les revendeuses entassent le poisson à la seule fin de le faire entrer en putréfaction. On pourrait se borner à répondre par une simple question : avez-vous vu souvent des négociants en blé, en sucre ou en café, jeter dans le port la moitié d'une riche cargaison pour faire hausser, par la rareté, la valeur de l'autre moitié ? Mais les hommes sérieux, qui ont cru à ces caves putrides, évidemment n'étaient pas commerçants; choisissons pour eux d'autres exemples. Ont-ils jamais eu l'idée, possédant deux maisons, d'en démolir une, afin de mieux louer l'autre? ou bien, ayant deux bras, de s'en couper un, afin de forcer l'autre à acquérir autant de force et d'adresse qu'en avaient les deux ensemble?

Oui, ces caves existent, mais non pas pour y laisser gâter le poisson, mais pour l'y conserver, et, si elles n'existaient pas, il faudrait se hâter de les créer. Les chemins de la mer ne permettent pas toujours d'arriver à heure fixe; il n'y a pas, à Marseille, l'heure de l'arrivée de la marée, comme à Paris; les Vatel marseillais ne sont pas heureusement aussi prompts au désespoir que leur illustre prédécesseur, ou bien leur prend de n'avoir plus d'épée à leur disposition; car rien n'est irrégulier comme la venue du poisson. Souvent on le voit arriver en quantité considérable, à l'heure où toutes les ménagères ont terminé leurs approvisionnements; souvent la grande abondance, provenant de l'arrivage simultané de presque tous les bateaux pêcheurs, ne fait qu'annoncer la disette du lendemain. Dans toutes ces hypothèses, et dans bien d'autres qu'il est aisé de concevoir, il y a avantage évident, pour le pêcheur, pour la revendeuse, et même pour le public, à ce que le poisson trop abondant soit réservé pour les besoins du lendemain. Alors blâmera-t-on les revendeuses de ne pas l'exposer à une mévente, ou à un danger de putréfaction certaine, en le laissant au contact de l'air, sous l'influence d'une chaleur quelquefois tropicale? Ne faut-il pas plutôt les louer d'agir ainsi dans l'intérêt du pêcheur, du public, en même temps que dans le leur propre?

Certainement, malgré tous ces soins, il se gâte encore fort souvent du poisson, de même que, malgré tous les soins possibles, une partie de la récolte de chaque année est dévorée par les charançons; mais les revendeuses sont bien loin d'en être la cause. Pour qu'il y eût dans cet acte reproché aux revendeuses le caractère de spéculation, il faudrait qu'il fût pratiqué sur une large échelle; dans ce cas aurait-il pu échapper à l'attention de l'autorité, si sévère pour tout ce qui concerne l'approvisionnement des marchés, ou croit-on que l'autorité ait consenti à supporter l'accomplissement habituel d'un acte répréhensible?

Nous avons à coup sûr fait trop d'honneur à une pareille accusation, en la réfutant si longuement; espérons qu'il ne sera plus question de ces caves empestées, et empressons-nous d'en chasser bien loin le souvenir, je dirais presque l'odeur. N'adressons pas aux revendeuses des reproches immérités; réservons notre sévérité pour ce qui est justement blâmable dans leur organisation; on verra alors que notre indulgence n'était que de la justice et de l'impartialité éclairée.

Il a été prouvé que, quant à la vente de la pêche régulière, celle qui provient des tartanes, la seule dont nous nous soyons occupés jusqu'à présent, l'intérêt de la revendeuse garantissait aussi bien le public que le producteur. Examinons si la même garantie existait à l'encontre de la poissonnière.

La fraude de la poissonnière pouvait s'exercer sur le poids ou sur le prix compté au pêcheur. Quant aux poids, si le moindre soupçon existait chez le pêcheur, rien ne l'empêchait de faire suivre sa pêche jusqu'au moment du pesage, ou de la faire peser lui-même au préalable. Mais la chose n'était pas nécessaire : ces hommes ont une telle habitude de ces évaluations de poids qu'ils savent fort bien apprécier, sans les peser, les quantités qu'ils expédient. Certaines réclamations, faites dans ces derniers temps, aux nouveaux intermédiaires, contre des erreurs matérielles provenant d'oublis involontaires, suffiraient à le prouver.

Citons d'ailleurs un fait qui s'est présenté quelquefois dans l'ancien système.

Le poisson des Martigues, lorsque la mer ne permettait pas au patron de l'apporter lui-même, à Marseille, était expédié par voie de terre. Il est arrivé (rarement, il est vrai), que les conducteurs, auxquels il était confié, se livraient à des soustractions frauduleuses; la poissonnière reconnaissait ces infidélités au désordre apporté dans l'arrangement de la marchandise. Dans ce cas, elle refusait de payer les frais de voiture, elle signalait au patron expéditeur les quantités reçues et les soupçons qu'elle avait de l'infidélité du commissionnaire, et, d'après les quantités accusées par la poissonnière, et celles évaluées par lui, le patron expéditeur arrivait presque sûrement à la constatation exacte des soustractions opérées.

Croit-on d'ailleurs que ces fraudes, relatives au poids, eussent pu s'exercer sans attirer tôt ou tard l'attention des pêcheurs? mais, au contraire, la moindre erreur, provenant d'un oubli involontaire, soit relativement au poids, soit relativement au prix, ne manquait jamais d'être relevé par le patron.

Si une erreur minime et isolée ne pouvait passer inaperçue, comment la soustraction habituelle aurait-elle pu se continuer ? Les patrons n'étaient-ils pas libres d'abandonner une poissonnière de mauvaise foi, pour aller vers une autre désireuse d'augmenter sa clientèle ? Qu'on consulte à ce sujet des hommes désintéréssés et les témoins constants de tout ce mouvement commercial, les pêcurs publics ; qu'on leur demande ce qu'ils pensent de la loyauté des poissonnières. Et puis, l'autorité n'avait-elle pas là son œil ouvert et une surveillance facile, aussi bien que sur toute autre chose ? Que les accusateurs quand même songent donc que calomnier les poissonières serait presque calomnier en même temps l'autorité, qui pendant si long-temps les aurait supportées.

Quant au prix, toute fraude était impossible. Le prix de la halle, on le conçoit, était une chose trop publique pour qu'il fût facile d'empêcher les patrons d'en avoir connaissance. Le prix fixé par les poissonnières, dans leur assemblée solennelle, n'était un mystère pour personne ; chacun pouvait se rendre compte du rapport de ces deux prix et juger s'il n'était pas laissé un bénéfice exagéré aux revendeuses. Les patrons marseillais auraient-ils voulu ignorer ces prix, qu'ils ne l'auraient pas pu ; quant aux patrons des Martigues, il suffisait d'un seul d'entre eux venant de Marseille pour les mettre au courant. Bien plus, ils n'avaient pas besoin d'aller chercher la vérité, la vérité serait venue vers eux. Parmi les poissonnières, le désir de chacune était grand d'augmenter sa clientèle, au détriment de ses rivales ; cette ambition eût engendré des indiscrétions intéressées, et éclairé le patron sur le préjudice qu'on lui faisait éprouver. D'un autre côté, le prix passé au patron était consi-

gné sur une note qui circulait comme papier monnaie ,
comme un billet de banque, dans le commerce, ainsi
qu'on le verra plus tard ; l'autorité aurait pu bien aisément se rendre compte des infidélités commises par les
poissonnières.

Enfin, ici, comme toujours dans ce système, et c'est
là à nos yeux ce qui en constitue le mérite et la beauté,
l'intérêt personnel de la poissonnière garantissait le
pêcheur et le public. La poissonnière était intéressée à
passer au patron des prix élevés, non-seulement afin de
conserver sa clientèle, mais parce que sa commission se
percevait sur le résultat total de la vente, c'est-à-dire sur
le prix multiplié par les quantités. D'un autre côté,
l'élévation de ces prix au-delà de justes limites, aurait
rendu la vente plus difficile, et, tôt ou tard, aurait écrasé
la revendeuse; or, la poissonnière avait l'intérêt de tout
créancier permanent à ne pas rendre son débiteur in-
solvable.

Nous n'avons fait jusqu'à présent qu'un exposé, pour
ainsi dire, théorique de ce mécanisme ingénieux. Il
était nécessaire de donner à nos lecteurs ces notions
rudimentaires et peu répandues, avant d'entrer dans
l'exposition et dans la critique raisonnée des détails.

Nous avons vu que ni *revendeuses* ni *poissonnières* ne
pouvaient malverser dans l'accomplissement de leur
mandat ; il nous reste à étudier, pour en finir avec l'ancien système, si cette organisation était la plus économique, la plus juste, la plus avantageuse, la meilleure, en
un mot, qu'il fût possible de concevoir, ou bien, si elle
contenait un vice, auquel il était urgent de remédier, et
enfin, quelle était la nature de ce vice et quel remède il
convenait d'appliquer.

Des Poissonnières.

Les poissonnières percevaient-elles une commission et des intérêts usuraires sur la valeur de la marchandise qui leur était expédiée? Leur intermédiaire était-il trop coûteux ?

La poissonnière, après avoir reçu le poisson, lui avoir donné tous les soins qu'il exigeait, l'avoir séparé par qualités et distribué à ses revendeuses, après avoir enfin établi le prix auquel chaque envoi devait être compté, dressait la note du patron. Nous mettons sous les yeux du lecteur le *fac simile* d'un de ces billets, qui n'a pas été créé pour la circonstance, mais qui a été mis en circulation et est venu à remboursement. Nous avons choisi, sur un grand nombre, celui où le chiffre de la commission s'est trouvé le plus fort, et où se sont rencontrées toutes les particularités que nous avons à expliquer. (Voir le *fac-simile*.)

Comme on le voit, les calculs sont faits en livres et en sols; en outre, on aperçoit un système particulier de numération, en chiffres, qui ne sont ni arabes, ni romains, mais que les pêcheurs savent lire, à ce qu'il paraît.

Le total de la vente se monte à 250 livres 9 sols : passons en revue les articles qui ont été déduits de ce total.

Marseille le 2 Octobre 1855.

Patron..................

Votre poisson que j'ai reçu cette semaine, Savoir :

Mardi 1 panier	17 ## Soles.....à...100 ##	54 ## 9
	30 ## Poissons mêlés...80 ##	
	25 ## petits poissons....50 ##	
	15 ## avarie.........8 ##	

Mercredi 1 panier	40 ## Soles.....à...100 ##	58 ## 2
	15 ## Poissons mêlés...75 ##	
	4 ## petits poissons....50 ##	
	38 ## avarie.........12 ##	
	14 ## polipes.........4 ##	

Jeudi 1 panier	40 ## Soles.....à...110 ##	49 ##
	6 ## Poissons mêlés...75 ##	
	11 ## polipes.........5 ##	

Vendredi 1 panier	3 ## Soles.....à...30	42 ## 4
	30 ## Poissons mêlés...70 ##	
	35 ## petits poissons....45 ##	
	20 ## avarie.........12 ##	
	16 ## polipes.........4 ##	

Samedi 1 panier	5 ## Soles.....à...90 ##	46 ## 14
	29 ## Poissons mêlés...75 ##	
	48 ## petits poissons....30 ##	
	32 ## avarie.........10 ##	
	20 ## polipes.........4 ##	250 ## 9

Gulard.........30 ##	69 9
Commission.....15 ## 3	
voiture.........6 ## 11	
pesage.........1 ## 3	
plomb.........6 ## 12	
pour le patron....10 ##	

F 181 ##

Patron..................

1 Gulard du 2 8bre 1855.

F. 30 ##

Je vous Salue

Une partie de ce poisson est venue des Martigues par voie de terre ; il a fallu payer au voiturier 6 livres 11 sols. Nous n'avons pas besoin d'expliquer les 1 livre 3 sols pour frais de pesage payés aux peseurs publics. Les 6 livres 12 sols de plomb représentent un achat de plomb pour les filets, payé par la poissonnière pour compte du patron. Les 10 livres du patron représentent un à-compte de somme égale donné au patron, à son passage à Marseille, pour l'usage du bord. Nous expliquerons plus tard les 30 livres de *Gulard* ; arrivons à la commission. Cette commission est de 15 livres 3 sols sur une somme de 250 livres 9 sols, soit de F. 6,05 p. %. Cependant cette commission atteint quelquefois un chiffre plus élevé ; son maximum est de 7 1/2 p. %, son minimum est de 6 p. % pour les patrons pêcheurs. Sa quotité s'établit, chacun le devine, d'après la position plus ou moins obérée du patron. Pour les Madragueurs, qui expédient de fortes quantités, et pour qui la poissonnière n'est qu'un commissionnaire, et non un bailleur de fonds, cette commission est de 2 p. %. Pour les poissonniers, c'est-à-dire les commerçants de poisson, qui expédient de Cette ou autres points du littoral, la commission est de F. 1,50 par 100 livres de bon poisson, et quelquefois même de F. 0,60 pour 100 livres de poisson de basse qualité. Enfin pour la pêche provenant de l'*Eïssaougue*, la poissonnière ne recevait pour toute commission qu'une part égale à celle d'un matelot du bord.

Ce que nous venons de dire nous oblige à expliquer quelle peut être la position du patron à l'égard de sa poissonnière. Nous prendrons ensuite la commission la plus élevée et nous verrons ce qu'elle comprend.

Le patron peut posséder en entier son bateau et ne rien devoir à la poissonniére; en ce cas, sa commission sera moindre, mais ce cas est malheureusement fort rare, car la pêche enrichit peu. A côté du patron qui ne doit rien, il y a le patron qui doit tout, et même plus qu'il ne possède. Un homme intelligent et fait au dur métier de la pêche a l'intention de devenir patron; il va trouver une poissonnière qui consent à le commanditer. Une barque, garnie de tous ses apparaux et ses engins de pêche, lui est achetée. Un contrat est passé pardevant notaire, par lequel il se reconnaît débiteur de la somme prêtée; il donne en garantie son bateau même, plus tout ce qu'il possède, mais il ne possède rien; il ne paiera aucun intérêt annuel pour la somme prêtée; le prêt est fait pour une durée de 4, 6 ou 8 ans, mais le rembourment en entier du capital deviendrait exigible dans le cas où le patron manquerait à remplir la seule condition qui lui soit imposée et qui est celle-ci :

Le patron s'engage à faire apporter à Marseille le produit de sa pêche, toutes les fois que le temps le permettra, et à l'adresser à son commanditaire, qui deviendra son commissionnaire.

Il sera perçu sur ces envois une commission que règle l'usage, ou plutôt que le patron est toujours libre de débattre. En effet, si la poissonnière devenait trop exigente, le patron irait trouver une autre commanditaire plus accommodante, qui s'empresserait de prendre les lieu et place de la première. L'absence d'exigences déraisonnables de la part de la poissonnière est la seule cause qui empêche ces mutations de se renouveler plus souvent. En aucun cas, avons-nous dit, cette commission ne dépasse 7 1/2 p. °/₀; de plus , il est spécifié dans le contrat que la poissonnière pourra retenir un à-compte appelé *Gulard*, qui doit servir à l'amortissement du capital dû ; cette retenue est d'après la règle de 10 °/₀, mais , dans la pratique, elle varie selon les résultats plus ou moins heureux de la pêche, sans qu'elle s'éloigne, en somme, beaucoup du quantum que nous avons indiqué.

Cet à-compte est mentionné sur un petit billet à part, qui est envoyé au patron en même temps que sa note , et dont nous avons donné un specimen.

Lorsque le patron a pour une somme importante en *Gulards*, il les rassemble, les échange contre un reçu total de la poissonnière, en un mot régularise sa position ; il peut ainsi arriver, si les événements le favorisent , à s'exonérer en totalité de sa dette.

Au contraire, si les circonstances le servent mal , si sa pêche est malheureuse, s'il se trouve assailli par de mauvais temps , si son bateau fait des avaries , il est forcé d'avoir recours à son bailleur de fonds. Les dommages occasionnés par la mer entraîneront une dépense de 600 francs ; il s'adressera à la poissonnière, son banquier, qui lui fera cette nouvelle avance. Il donnera en paiement les gulards qu'il a en portefeuille , et se reconnaîtra débiteur à nouveau de l'excédant. La poissonnière ne peut s'y refuser; elle y est forcée par les choses elles-mêmes. Ayant prêté les premiers mille francs, elle peut voir sa créance atteindre un chiffre double de la valeur du bateau. Pour conserver l'espoir d'être remboursée un jour, il faut qu'elle prête encore, et toujours ; c'est un engrenage : quand le bras est pris, le corps doit y passer.

Il nous semble qu'il devrait suffire de signaler ce

danger, pour faire naître l'idée d'assurer le patron et la poisonnière contre ces risques de mer, comme on assure contre tous les autres risques maritimes.

Quelles que soient les objections qui nous ont été faites, nous croyons utile de livrer ce sujet d'études aux hommes compétents. Pour le moment, sans nous laisser distraire par des questions incidentes, poursuivons l'objet qui nous préoccupe.

Prenons le cas d'un patron obéré et payant la commission de 7 1/2 p. %; voyons si beaucoup de capitalistes trouveraient avantageux de se mettre aux lieu et place de la poissonnière. A quel taux prêterait-on à ce patron sur la seule garantie de son bateau, surtout avec les conditions de remboursement et les craintes d'augmentation de la dette, que nous avons dites ?

En fait, ce prêt constitue un véritable *contrat à la grosse*, mais plus désavantageux que les contrats à la grosse ordinaires ; car dans l'espèce, le premier prêteur est pour ainsi dire forcé de faire face à tous les emprunts futurs, dont le bateau et le patron auront besoin. Or, chacun sait que, pour les contrats à la grosse, le taux est illimité ; de 15 à 25 p. % dans le plus grand nombre de cas, il s'élève quelquefois jusqu'à 50 p. %.

Admettons qu'on trouve des prêteurs à 12 % (1).

Voici deux patrons de tartanes, pêchant ensemble,

(1) Nous croyons que l'application des assurances à ces risques de mer aurait pour résultat de diminuer dans une proportion quelconque le taux de l'intérêt pour ces contrats. Cependant, connaissant l'empressement des compagnies à élargir le cercle de leurs opérations, on serait tenté de douter de la possibilité de la chose, en ne la voyant pas faite.

formant *une couple*. Ils doivent chacun six mille francs, soit, pour les deux, douze mille francs. A 12 p. %, ce sera 1,440 francs d'intérêt qu'ils auront à payer annuellement. En moyenne, et même en forçant un peu les chiffres, le produit annuel de la pêche d'*une couple* de tartanes n'est évalué qu'à trente mille francs ; sur un roulement d'affaires de trente mille francs, il faut percevoir un agio, une commission, comme on voudra l'appeler, de 4, 80 p. %, pour parvenir à ce total de 1,440. 4,80 p. % sont donc à distraire de la commission, comme représentant le légitime intérêt du capital ; la commission de la poissonnière va donc se trouver réduite à 2,70 p. %.

De ces 2,70 p. %, il faut encore déduire 1 p. % pour le *Du croire*, car la poissonnière s'oblige directement envers le pêcheur, et fait crédit à la revendeuse à ses risques et périls. La commission se trouve donc réduite en réalité à 1,70 p. %. Dans ces 1,70 p. %, l'usage attribue 1 p. % aux commis des poissonnières, qui tiennent leur comptabilité détaillée, et qui s'astreignent à une présence presque continuelle. Nous aimons à croire qu'on nous accordera que les poissonnières, à qui on n'a pas encore reproché la débonnaireté trop grande en affaires, ne paient de pareils appointements à leurs commis que par l'impossibilité d'en trouver à d'autres conditions. C'est donc 0,70 p. % qui reviennent réellement à la poissonnière pour sa commission, et avec lesquels elle aura à faire face à tous ses frais de loyer, de patente, de paniers usés et perdus, etc., etc.

N'admettrait-on pas ces calculs dans toute leur rigueur, qu'il n'en resterait pas moins évident que les droits de

commission de la poissonnière n'ont rien de cette exagération tant reprochée , et que , si le mal existe quelque
part , il n'est du moins pas là et qu'il faut le chercher
ailleurs.

Nous n'avons parlé que du patron obéré , comment les
choses seront-elles réglées pour le patron qui ne doit
rien ? Que l'on cherche ce qui serait juste , et l'on aura
de grandes chances pour avoir trouvé ce qui est , ou
plutôt ce qui était.

Quand , par suite de sa position obérée , le patron
paie une forte commission , comprenant , comme on l'a
vu , la commission proprement dite , et l'intérêt de l'argent prêté , cette commission est supportée par tous les
hommes de l'équipage, qui ont chacun une part dans la
pêche ; elle constitue en vérité la rémunération du capital,
bateau, apparaux et engins.

Si par des retenues successives, appelées Gulards , et
supportées entièrement par le patron , la dette vient à
s'éteindre et la commission à être réduite , il n'est pas
juste que l'équipage profite de cette réduction, à laquelle
il n'a en rien contribué. Alors on considère cette commission, qui varie de 6 à 7 1/2 , comme un droit du
patron ; le patron libéré se trouve en position de faire la
loi à la poissonnière : » Vous continuerez, lui dit-il, à
« percevoir une commission apparente de 6 p. %, mais
« vous me rendrez compte du tiers ou de la moitié, soit
« en argent, soit en cadeaux , etc. » C'est ainsi que, sur
sur la commission apparente, presque toujous 2 % sont
attribués à la femme, ou à la sœur, ou à une parente du
patron.

Il nous reste à expliquer, pour avoir éclairé tous les

points du tableau, comment le *Gulard* se justifie vis-à-vis de l'équipage. Ce Gulard est balancé par un droit qu'ont tous les hommes de l'équipage, hormis le patron, d'emporter, toutes les fois qu'on touche à un port quelconque, une petite corbeille de poisson, que chaque homme vend pour son compte et qu'on appelle pour cela *la part de l'homme*. Chacune de ces corbeilles de poisson varie de deux à cinq francs pour chaque homme, ce qui fait plus que compenser tous les Gulards du patron. Aussi la nouvelle vente à la criée en abolissant les Gulards, et par conséquent leur équivalent, la part de l'homme, a-t-elle fait autant de mécontents parmi les hommes de l'équipage que parmi les patrons.

En définitive, il résulte de cette exposition du système qu'il n'y avait pas usure contre le patron obéré, que la commission aurait été plus forte à mesure que le patron était moins chargé de dettes et par conséquent plus libre. Il semblerait que, par une compâtissante solidarité, les patrons, libres de toute dette, consentaient à supporter un peu plus que leur part, dans l'intention d'alléger les charges de leurs confrères moins favorisés.

N'oublions pas aussi d'ajouter que, sur le nombre total des poissonnières, plus de la moitié sont des femmes de patrons marseillais et ne reçoivent guère que le poisson de leurs maris. Dans ce cas, il n'y avait pour ainsi dire pas de poissonnière.

Est-il juste de forcer ce patron qui se servait de l'intermédiaire de sa femme, ou d'une sœur, de façon que le bénéfice n'allait pas dans des mains étrangères ; est-il juste de le forcer d'avoir recours à un intermédiaire étranger ? N'est-ce pas un surcroît de charges qu'on lui impose ?

Nous avons dit que le nombre des patrons débiteurs envers leurs poissonnières était malheureusement assez grand ; que, d'après le contrat, le remboursement intégral devenait exigible au moment de la cessation des envois de poisson ; rendons la justice aux poissonnières d'avouer qu'aucune de ces femmes n'a encore songé à user de ce droit cruel. Certainement, si les choses se continuaient, les nécessités leur créeraient la dure et pénible obligation d'agir contre les patrons ; au point de vue de l'intérêt du public, la pêche serait détruite ou du moins suspendue. Invoquerait-on le cas de force majeure pour retenir les capitaux engagés de la poissonnière ? En droit, la question serait plus que contestable ; en équité, la solution ne saurait être douteuse. La poissonnière aura besoin de son capital pour remplacer les revenus de son commerce et de son travail détruits, et la faim est aussi, en humanité, du moins, un cas de force majeure. La seule conciliation possible serait de trouver un bailleur de fonds qui désintéressât la poissonnière et prît sa place vis-à-vis le patron. Cet argent prêté aurait droit à un intérêt ; quel serait-il avec les risques que l'on connaît ? Probablement on aurait déplacé une industrie, qui n'avait pas mérité cette sévérité, mais on n'aurait rien changé au fond même des choses.

Enfin, croit-on qu'il serait possible de faire, par une seule et grande administration, tout ce qu'avaient à faire, et faisaient si bien toutes les poissonnières réunies ? Le poisson est une denrée, avons nous dit, et chacun le sait, qui ne peut supporter aucun retard ; dans ce commerce surtout le proverbe anglais, *Time is money*, est de la plus grande vérité. Tel système qui fonctionne parfaitement un jour de pêche ordinaire, pourra-t-il suffire à tout, un jour de pêche abondante ? Ne sera-t-il pas débordé ? N'entraînera-t-il aucun de ces retards qui peuvent compromettre le résultat pécuniaire de la pêche la plus heureuse, de cette pêche qui ne se présente que rarement et dont l'espérance fait supporter au pêcheur les plus mauvais jours ? Qu'on s'informe de l'opinion ou plutôt des craintes des pêcheurs à cet égard ; qu'on demande aux madragueurs, ces grands approvisionneurs du marché, s'ils n'en sont pas venus à craindre par dessus tout, en ce moment, une pêche trop abondante. Le poisson exige de grands soins et occasionnera toujours de grands frais ; chaque rouage doit être rapide dans ses mouvements, et posséder l'intelligence de ce commerce. Il faut que l'œil du maître soit partout ; une trop grande administration offrira toujours plus d'inconvénients que d'avantages : un triage inintelligent, une séparation des qualités faite par des agents peu exercés ou peu attentifs peuvent ruiner le pêcheur.

Pour nous, qui nous sommes donné la mission, non pas de critiquer ce qui a été fait, mais bien plutôt de rechercher quelle était la meilleure chose à faire, nous croyons avoir surabondamment démontré que le mal n'était pas là où l'on a appliqué le remède. Continuons donc notre poursuite et nos études, et mettons à découvert l'organisation des revendeuses, comme nous avons fait celle des poissonnières.

Des Revendeuses.

———

L'intermédiaire des revendeuses est-il aussi peu coûteux que celui des poissonnières? Ne grève-t-il pas la marchandise de frais qu'il serait possible de diminuer? Si cette économie est possible, elle est un devoir; car elle intéresse le producteur et le consommateur, et elle profiterait aussi bien au pêcheur qu'au public.

Il a été dit que le prix compté aux pêcheurs et aux revendeuses par la poissonnière s'établissait d'après le prix de la vente au détail dans les halles; que la juste rémunération de la revendeuse consistait dans un *tant par livre* qui lui était attribué ; quel était ce *tant par livre*?

Nous avouerons d'abord que de plus habiles que nous seraient probablement fort embarrassés, s'il leur fallait *à priori* fixer la limite des justes bénéfices de la revente au détail ; nous croyons même que cette taxation présenterait plus de difficultés sur le poisson que sur aucune autre denrée. La revendeuse est sujette à tant d'éventualités fâcheuses, telles que l'arrivage imprévu de quantités considérables de poisson, l'avarie des quantités reçues et trop lentement revendues, le chômage forcé les jours où la pêche n'arrive pas, le grand nombre d'agents nécessaire les jours où elle arrive en abondance, le déchet que donnent certains poissons, tels que les thons, la différence de valeur de certaines qualités et même de certaines portions du même poisson, que nous sommes portés à croire que la liberté seule, c'est-à-dire la lutte et la combinaison de tous les intérêts opposés, arrivera à avoir raison de toutes ces difficultés diverses.

Reconnaissons encore que dans l'ancien système ; ce point était le plus obscur, peut-être parce qu'il était le moins irréprochable.

Si l'on demande quelle était la marge accordée aux revendeuses, il vous est répondu que la revendeuse jouissait généralement d'un bénéfice de 25 a 30 centimes par kilogramme de poisson de première qualité, et de 10 à 15 centimes par kilogramme de poisson de dernière qualité.

A l'époque où l'ancien système fonctionnait en toute liberté, la constatation de l'exactitude de ces chiffres eût été chose facile pour l'autorité. Aujourd'hui, elle est presqu'impossible ; en les admettant comme vrais, qui pourra juger s'ils sont justes et nécessaires ?

En outre, une difficulté nouvelle se présente, elle ne nous surprend pas, nous nous y attendions.

Jusqu'ici nous n'avons vu que la liberté et ses bons résultats; ici un monopole existe, il doit se trahir par quelques mauvais effets.

Tout le monde pouvait se livrer au commerce que faisait la poissonnière ; tout le monde ne peut pas être revendeuse ; il faut obtenir l'autorisation et une place dans les halles. Nous allons voir que la revendeuse fera la loi à la poissonnière, et partant au producteur, si ce n'est dans une certaine limite, au consommateur lui-même.

L'intermédiaire de la poissonnière était facultatif, celui de la revendeuse était obligatoire.

Le poisson se divise en diverses qualités. Les belles qualités, servant à l'alimentation des classes riches, avaient leur débouché principal à la halle dite halle Charles Delacroix. Les qualités inférieures, qui ne pouvaient convenir qu'aux classes pauvres, ne se débitaient guère que dans les halles dites de St-Martin et de la Poissonnerie Vieille. A cause de l'inobservation de certains règlements, les belles qualités deviennent toujours plus rares et plus recherchées, la vente en est par conséquent plus facile et donne des bénéfices plus considérables et plus apparents.

Aussi, les revendeuses de la Poissonnerie Vieille, sachant fort bien que les belles qualités trouveraient toujours un écoulement facile, mais que le placement des qualités inférieures serait plus pénible pour les poissonnières, leur imposaient l'obligation de leur donner dans une certaine proportion du poisson de belle qualité, faute dequoi elles refuseraient les basses espèces. N'ayant pas par elles-mêmes la vente de ce poisson, elles n'en vendaient qu'une infime portion, et cédaient le reste, moyennant un bénéfice, aux revendeuses des quartiers riches; et, chose que nous n'avons pas pu dire avant d'avoir expliqué cette particularité, la taxation faite par la poissonnière, ne prenait en considération que les prix de la vieille halle.

L'examen peu approfondi de ces détours semblerait prouver que, s'il y a là une irrégularité, le mal n'est pas au moins aussi grand qu'on l'a prétendu. Ce bénéfice que faisait la revendeuse de la Vieille Poissonnerie sur

le beau poisson , venait, dira-t-on , jusqu'à un certain
point en dégrèvement de celui qu'elle aurait dû faire
uniquement sur les basses qualités ; le riche payait un
peu plus , le pauvre payait un peu moins.

Mais une attention plus soutenue démontrera le peu
d'exactitude de ce raisonnement. En économie politique,
comme dans toutes les sciences exactes , le même n'en-
gendre que le même , le bien ne peut pas sortir du mal.

Le véritable inconvénient consistait dans la perturbation que le privilége sans garantie des revendeuses de la
halle Delacroix apportait dans le marché. Elles pouvaient
ne prendre qu'une portion de beau poisson moindre que
celle qu'auraient demandée les besoins de leur clientèle,
prélever sur une quantité restreinte tout le bénéfice et
tous les frais exigés par leur exploitation, ne pas faire
participer à ces hauts prix le producteur, et le forcer à
subir les conséquences d'une mévente pour les quantités
de beau poisson laissées aux Vieilles Halles. De plus,
comme la taxation se faisait sur les prix de la Vieille
Poissonnerie, elles avaient intérêt à y laisser le beau
poisson plus abondant qu'il n'eût été nécessaire, afin
d'y faire baisser les prix , tandis qu'elles les faisaient
hausser dans un autre quartier. Aussi est-il au su de
tout le monde, qu'une grande différence existait toujours
dans les prix des diverses halles : ce vice d'organisation
était préjudiciable à tous. Le riche payait plus cher les
quantités apportées à la halle Delacroix, qu'il ne l'aurait
fait si tout le beau poisson y était venu ; le pêcheur ne
profitait pas des hauts prix de cette halle; il subissait,
pour les plus belles qualités , qui auraient dû surtout le
rémunérer largement , des prix déprimés, fixés par une

vente faite dans les plus mauvaises conditions ; cette mévente du poisson de choix le forçait d'exiger un plus haut prix des basses sortes ; les quartiers populaires jouissaient de la faveur d'acheter en dessous de leur valeur, mais à des prix encore écrasants pour eux, quelques kilogrammes de beau poisson, mais étaient obligés de payer plus cher les grandes masses des qualités ordinaires, qui, a défaut d'autre mérite, auraient au moins dû avoir celui du bon marché. La poissonnière même y perdait, à cause de la réduction du rendement de la pêche, aussi bien au point de vue de sa commission perçue sur le total, qu'à celui de la moindre solvabilité que ces dommages créaient au patron, son débiteur.

Ces dommages successifs et répétés, faisaient de la pêche un métier ruineux, décourageaient les pêcheurs, diminuaient leur nombre, appauvrissaient les marchés et leur effet, se doublant par lui-même, serait allé enfin jusqu'à priver l'État de ses meilleurs marins.

Comme on le voit, il n'est rien de petit dans les études que nous faisons ; aussi bien dans le commerce du poisson que dans tout autre commerce, car les principes sont toujours les mêmes, la plus faible cause peut engendrer les plus grands effets. Mais pour corriger ce que ces axiomes sembleraient présenter de désespérant, disons qu'il en sera ainsi pour le bien comme pour le mal.

Cherchons donc le moyen de produire le bien, dans quelque proportion que ce soit, et songeons à l'histoire des cases de l'échiquier et des grains de blé.

Nous n'avons fait que commencer l'histoire des méfaits du monopole des revendeuses ; les histoires des

désastres causés par les monopoles seraient toutes inter-
minables.

Tout le poisson ne se distribuait pas par abonnement,
ce mode de distribution ne s'appliquait qu'au poisson
sédentaire sur nos côtes, et dont l'arrivage était à peu
près régulier. Les poissons nomades, tels que les *thons,
les pélamides*, *les maquereaux*, *les sardines* et *les an-
chois*, c'est-à-dire tout le produit de la plus grand pêche,
des *madragues, bordigues, sardinaux, cissaougues,* su-
bissaient, bien mieux encore, à cause des intermittences
des arrivages, les effets écrasants du monopole des revendeuses. Ainsi, par exemple, les thons arrivaient en
abondance; une revendeuse, en baissant ses prix de
quelques centimes, aurait augmenté son débit et aurait
pu détailler huit ou dix thons; elle aimait mieux n'en
prendre que deux, exagérer les prix et réaliser sur ces
deux thons tout le bénéfice dont elle avait besoin. Elle
diminuait, de cette façon, les risques et la fatigue de son
exploitation. La population payait plus cher, consom-
mait moins, le producteur était sacrifié, mais la revendeuse faisait ses frais.

Les madragueurs, plus intelligents que les autres producteurs de poisson, avaient tellement reconnu cet abus
et ses effets déplorables, qu'ils avaient souvent réclamé
l'autorisation de faire vendre eux-mêmes leur marchandise, afin d'échapper à l'injuste et ruineuse suprématie
des revendeuses.

Enfin, il y a quelque temps encore, on aurait pu douter de l'exactitude de nos assertions; mais l'établissement de la vente à la criée a tellement mis à nu le mauvais côté et les dangers de ce monopole, que les nier aujourd'hui serait avouer qu'on ne veut pas voir.

Dans tout cela, le rôle de la poissonnière était passif ; simple commissionnaire et représentant du producteur, elle ne pouvait pas faire plus que le producteur n'aurait fait lui-même. Donc, le mal ne venait pas d'elle, et le remède, conseillé par les meilleures intentions, sans doute, a été maladroitement appliqué.

Pour les esprits qui ne seraient pas encore convaincus, posons quelques chiffres, comme péroraison de notre réquisitoire. Le produit de toutes les sortes de pêches, aboutissant à Marseille, peut être évalué, en chiffres ronds, à une somme annuelle de trois millions de francs. Sur cet ensemble, la moitié est livrée à la salaison, au marinage et à l'exportation, et, par conséquent, ne passe pas par les mains des revendeuses. Ce n'est donc que sur quinze cent mille francs que la corporation des revendeuses aura à percevoir ses frais et ses bénéfices. Chaque revendeuse a 2 fr. de frais par jour, pour sa patente, la location de sa place, de son magasin, des aides dont elle a besoin et divers autres frais ; elle a une famille, un ménage à soutenir ; son bénéfice n'est presque limité que par elle-même ; les unes gagneront plus, les autres moins, mais la moyenne de leurs bénéfices quotidiens peut être estimée à 4 francs. Ce qui fait que chaque revendeuse perçoit, en moyenne, 6 francs par jour, sur le poisson dont la vente lui est confiée. Il y a, dans les quatre halles, 248 revendeuses auxquelles il faut ajouter une centaine de revendeuses ambulantes. Ces dernières n'auront pas de frais de location, mais, moins bien placées pour la vente, elles vendront moins. Nous ne les compterons que pour moitié de leur nombre, en les ajoutant aux autres. On trouve donc un total de 300 revendeuses environ, prélevant ensemble sur la population un impôt quotidien de 1,800 francs, soit de 54,000 par mois et de 648,000 francs par an. Ces 648,000 francs sont perçus sur une marchandise qui représente, pour le producteur, une recette annuelle et totale de quinze cent mille francs; il faut donc qu'une valeur, vendue par le producteur un franc, soit payée par le consommateur 1 fr. 45 c. ; ce qui équivaut à une augmentation de 45 p. 0[0, pour la seule exploitation de la revendeuse.

Qu'y avait-il, ou plutôt, qu'y a-t-il à faire ?

Quel était le remède.

Lorsqu'il a été question de l'établissement de la vente à la criée, des journaux et une partie de la population, saisis d'un enthousiasme irréfléchi, ont cru tenir la panacée universelle. On aurait dit qu'on avait trouvé le moyen d'enrichir à la fois le producteur et le consommateur. Nous avons vu les choses plus froidement. Dans une brochure de quelques pages, nous avons osé ne pas approuver, sans réserves, le système qui était l'objet de l'enthousiasme général, qui n'avait jamais été mis en pratique dans notre ville, et dont nous ne pouvions que théoriquement préjuger les effets.

« Quant à la vente à la criée obligatoire, car nous ne saurions nous élever contre la vente à la criée facultative: quant à la vente à la criée obligatoire, disions-nous,

nous ne saurions voir en elle qu'arbitraire, spoliation, et, en définitive, appauvrissement des marchés, diminution dans la production et renchérissement des denrées. La vente à la criée à Marseille, n'en aurait pas pour trois mois ; cela vaut-il la peine de briser brutalement toutes les habitudes, toutes les positions ? Croyons, par par respect pour la dignité des partisans du système de la vente à la criée, qu'emportés par leur enthousiasme et leur bonnes intentions, ils n'ont pas pris assez de temps pour mûrir les idées. Ils auraient compris que l'expropriation et la réquisition forcée, sont des moyens, dont il faut être avare. »

Un jour, si, par un triste retour des choses d'ici bas, les illusions les plus enthousiastes font place à un injuste désenchantement, nous nous promettons, après avoir été le premier et seul agresseur de ce système, d'être le seul et le dernier à le défendre, pourvu qu'il soit appliqué dans les limites et à la place où il peut produire de bons résultats.

Qu'est-il advenu du système de la vente à la criée marseillaise, depuis le 22 octobre dernier ? Nous citerons tout au long un excellent article du *Sémaphore* du 17 novembre courant. A part une légère dissidence, nous ne pensons pas différemment que son intelligent auteur, M. Marquis, et nous ne saurions pas aussi bien dire.

« Les derniers règlements pour la vente du poisson n'ont pas donné, jusqu'à présent, les résultats que l'on devait en attendre. Ce n'est pas que l'esprit et les tendances de ces règlements soient en oppsition avec les principes : la vente à la criée, pivot du nouveau régime, est un excellente mesure comme moyen de concurrence et d'expansion. Mais soit que dans l'application, la vente à la criée n'ait pas été organisée sur des bases assez larges, soit que la règlementation du commerce du poisson rencontre, à Marseille, des difficultés presque insurmontables, les faits n'ont répondu ni aux intentions paternelles de l'autorité, ni aux espérances de la population. Le poisson est toujours fort cher, et le consommateur est plus que jamais victime de l'entente des revendeuses. Il y a plus, cette entente qui, jadis, ne pesait que sur le consommateur, s'exerce aujourd'hui tout à la fois sur le consommateur et sur le producteur. Les pêcheurs ne sont pas moins que les habitants exploités par les revendeuses qui achètent à bas prix et vendent cher. Maintenant, grâces à la vente à la criée et à la publication officielle des prix, chacun peut faire le compte de la revendeuse en comparant les prix de la place Vivaux avec ceux des halles de détail, et nous pouvons tous nous convaincre que le bénéfice de la revente double habituellement le prix du poisson.

« Le but n'est donc pas encore atteint ; la vente à la criée, c'est-à-dire, la libre concurrence, n'a pas agi d'une manière assez efficace ; les revendeuses sont mieux placées qu'en aucun temps pour exploiter le public et les pêcheurs. Quels moyens y aurait-il donc à prendre pour changer cette situation, sans porter atteinte ni aux lois, ni à la liberté des transactions qu'il faut également respecter?

« Avant le régime actuel, le commerce du poisson était l'objet d'une organisation extrêmement ingénieuse et que nous ferons connaître un jour peut-être, si nous avons occasion de revenir sur ce sujet Nous nous bornerons à dire aujourd'hui que, dans cette organisation, la revendeuse avait une remise à peu près fixe de vingt-cinq centimes par kil. de poisson, pour tout bénéfice. Aujourd'hui ce bénéfice est de 50 c., 1 f., 1 fr. 50 c., 2 fr. et plus, suivant la qualité du poisson.

« Or, si les revendeuses peuvent réaliser des bénéfices aussi exorbitants, c'est qu'elles ont les moyens de s'entendre non-seulement pour l'achat, mais encore pour la vente, et si elles s'entendent, c'est que la concurrence n'existe pas, c'est que la vente à la criée ne fonctionne pas avec tous les éléments de publicité et de liberté.

« Depuis l'adoption des nouveaux règlements, les agents de l'autorité se sont livrés à divers essais qui n'ont pas abouti, malgré leur désir incontestable de bien faire. C'est ainsi qu'ils ont d'abord limité eux-mêmes les prix de vente des pêcheurs aux revendeuses, dans la crainte que ces dernières, excitées par la concurrence, ne poussassent trop loin l'enchère et ne fussent ainsi entraînées à payer le poisson trop cher, et par suite à le vendre trop cher aussi à la population. L'intention était bonne, mais le moyen ne l'était pas. Sans parler de l'infraction faite à la liberté de la vente, la fixation arbitraire du prix du poisson avait le grave inconvénient de compromettre les intérêts des pêcheurs, de décourager ceux de notre port, d'éloigner ceux des ports voisins et d'arriver ainsi à l'enchérissement du poisson par la diminution du marché. D'un autre côté, comme la revendeuse restait libre du prix de vente, elle profitait des avantages qu'elle trouvait dans le bas prix d'achat sans réduire pour cela les prix de la revente qui n'ont pas cessé de se maintenir à des taux très-élevés.

« Ce moyen ne pouvait donc pas réussir, et les agents préposés au marché Vivaux ont renoncé à fixer eux-mêmes les prix de vente. Ils ont alors organisé la vente à la criée, mais ils l'ont limitée de façon à enlever à ce ressort puissant toute sa force. Au lieu de provoquer la concurrence par la publicité et par la liberté, ils se sont attachés à la restreindre le plus possible, en n'admettant à la vente que les poissonnières des halles, et surtout en organisant par chaque halle une espèce de syndicat chargé d'acheter le poisson et de le distribuer à toutes les revendeuses.

« C'était faire trop beau jeu à la coalition. Les enchérisseuses réduites ainsi à une vingtaine de personnes intimément unies par un intérêt commun, peuvent à chaque vente fixer le prix d'achat sur le marché Vivaux et le prix de revente dans les halles, en se réservant un bénéfice dont chacun peut apprécier la discrétion.

« Ce n'est pas tout et non-seulement l'entente des poissonnières a eu pour résultat d'abaisser les prix de vente, mais
encore elle a été jusqu'à limiter les quantités achetées ; en
sorte que les pêcheurs sont en ce moment livrés aux revendeuses non-seulement pour les prix, mais encore pour le
poisson lui-même. C'est au point que les madragueurs sont à
se demander comment ils trouveraient le débouché de leurs
thons, s'ils étaient favorisés par la pêche. Il est donc évident
que les restrictions apportées à la liberté de la vente à la
criée n'ont pas mieux réussi que la fixation arbitraire du prix
du poisson. L'autorité doit en être convaincue en ce moment,
et il faut chercher autre chose.

« Nous sommes les premiers à reconnaître que le problème
est des plus difficiles à résoudre, mais c'est un motif de plus
pour se rapprocher le plus possible des principes et ne pas
s'égarer dans des expériences infructueuses.

« Or, dans cette matière, le principe, c'est la liberté. Au lieu
de limiter les prix par des fixations arbitraires et de restreindre la concurrence, il fallait au contraire laisser à la vente à
la criée toute la liberté qu'elle comporte, admettre tout le
monde à enchérir et laisser à l'enchère le soin de fixer le prix
du poisson. On serait au moins certain d'une chose, c'est que
ce prix débattu par tous les acheteurs serait le prix réel, le
prix normal, et s'il s'élevait très-haut il profiterait au moins
aux producteurs, il encouragerait la pêche, il attirerait les
pêcheurs des environs sur notre marché, et il aboutirait enfin,
comme toujours, à l'abondance et à la baisse des prix dans
des proportions raisonnables.

« On répond à cela que le but de l'autorité étant la baisse du
prix du poisson, serait complétement manqué. Nous croyons
qu'il y a méprise. L'autorité peut bien avoir le désir de voir
le prix du poisson se réduire, c'est un désir que nous ap-
prouvons et que nous partageons ; mais elle ne peut avoir
l'intention, tout le monde en est convaincu, d'obtenir ce
résultat par la force, et de décréter le *maximum* du poisson,
au risque de ruiner les pêcheurs, ce qui serait tuer la poule

aux œufs d'or. Tout ce que peut faire l'autorité, c'est d'empêcher, autant que possible, le renchérissement artificiel de la denrée ; c'est de réduire les frais de l'entremise et de dissiper les coalitions des revendeurs. Or, pour arriver à ce résultat, il n'y a qu'une manière de procéder, c'est de favoriser la concurrence. Si après cela le poisson se maintient à des prix élevés, c'est qu'il doit être cher, c'est que cette denrée aura passé dans les objets de luxe avec les faisans et les chapons, et personne n'aura le droit de s'y opposer.

« En résumé, s'il y a un remède, il est dans le libre fonctionnement de la vente à la criée, dans l'admission de tout le monde à l'achat, dans la liberté des enchères, dans la concurrence des acheteurs, dans la dissolution de ces syndicats de poissonnières qui peuvent devenir des foyers de coalition. Voilà pour les intérêts des pêcheurs. Quant à la garantie des intérêts de la consommation, elle se trouverait pareillement dans le développement de la concurrence à la vente. La concentration des revendeuses sur un seul point, dans une halle, leur donne trop de facilité pour se concerter. Nous voudrions que la vente du poisson pût se répandre, qu'elle pût se faire dans les magasins de comestibles, dans les boutiques ; nous voudrions même que des revendeuses pussent colporter le poisson en ville, le livrer au consommateur. Plus on multipliera, plus on disséminera la revente et plus on échappera à l'entente des revendeurs. Plus on appellera la concurrence et plus on sera sûr de se rapprocher du prix normal. »

Les choses ne pouvaient aller autrement. Le système de la vente à la criée, avons-nous dit en commençant ces études, a ses avantages comme ses inconvénients. Loin d'être oppressif et destructeur de la liberté et de la concurrence, il doit, au contraire, leur venir en aide ; ce n'est qu'à cette condition qu'il pourra vivre et rendre des services. Toutefois nous n'irons pas, avec le rédacteur du *Sémaphore*, jusqu'à demander le colportage en ville.

Partisan absolu de la liberté de commerce, autant qu'homme du monde, nous admettons cependant, par exception, que l'autorité peut s'arroger le droit, et qu'elle a presque l'obligation de surveiller certaines denrées alimentaires que l'on débite au peuple. La concentration de la vente de ces denrées dans les halles n'a pas d'autre but que de rendre la surveillance de l'autorité plus facile et plus rassurante. En outre, au point de vue des frais généraux, il parait incontestable que la location d'une place dans les halles, au profit de la municipalité, sera toujours moins coûteuse que la location et l'installation d'une boutique en ville. Enfin l'exposition concentrée de toutes ces denrées est aussi bien dans l'intérêt du producteur que du consommateur et semble devoir, mieux que toute autre chose, amener la vérité dans la fixation des prix.

Cependant, il faut le reconnaître, cette location de places réservées constitue un monopole, et nous en avons complaisamment montré les conséquences. Une revendeuse en boutique aurait trop de frais pour faire une concurrence avantageuse et durable à la revendeuse des halles ; la colporteuse aurait trop de facilités pour échapper à la surveillance de l'autorité. Qu'y a-t-il donc à faire ?

On a vu dans le chapitre précédent, que quinze cent mille francs représentaient la quantité de poisson que les 300 revendeuses avaient à débiter dans les 365 jours de l'année, ce qui donne, pour chacune d'elles une moyenne journalière de 14 francs de recette nette, à laquelle elle est obligée de faire rendre 6 francs pour frais et bénéfices.

Si chaque revendeuse vendait 100 francs et non 14 fr. de poisson par jour, elle se contenterait également de 6 francs de bénéfices, car ses frais ne seraient pas notablement accrus ; la marchandise serait donc grevée d'une redevance de 6 % et non pas de 45 % au profit de la revendeuse. Le producteur et le consommateur se partageraient ce bénéfice, ou plutôt cette économie de 39 %. Ces chiffres suffisent pour prouver que les revendeuses sont trop nombreuses. Diminuer leur nombre, par acte d'autorité, serait assurer et fortifier le monopole. On serait alors obligé d'en venir à une taxation hérissée de difficultés, comme il a été fait, à Paris, pour le commerce de la boucherie. Il faut donc diminuer leur nombre, et poser en même temps une limite à leurs prétentions. La liberté et la concurrence nous fourniront les moyens d'y parvenir.

Le système de la vente à la criée offrait même un instrument utile pour une pareille opération. Par lui-même ce mode de vente n'est pas un spécifique qui guérit tous les maux ; au lieu d'en exagérer la vertu, nous croyons mieux faire en ne lui rendant que justice. La vente à l'encan, à l'enchère, à la criée, si le nom varie, la chose est la même, n'a pas le don de changer le rapport des choses, ni surtout d'en diminuer la valeur. Son seul mérite consiste dans une économie de temps, et de frais généraux ; elle a pour but de rapprocher le plus possible le consommateur du producteur. Elle tend donc à supprimer certains intermédiaires.

Or, dans le commerce du poisson, les intermédiaires sont de deux sortes; les poissonnières et les revendeuses. Les poissonnières, nous l'avons vu, ne perçoivent qu'une commission très réduite, surtout si l'on considère les services qu'elles rendent ; au contraire , l'intervention privilégiée des revendeuses est très-coûteuse , et ne fait qu'apporter la perturbation dans le marché. Tout le mal vient donc de ce que l'on a dirigé le nouveau système contre les poissonnières, et non contre le monopole des revendeuses. Non seulement on n'a pas attaqué ce monopole, mais on l'a fortifié, on l'a rendu exorbitant et maître en réalité de la production et de la consommation. De là , toutes sortes de combinaisons, d'expédients, d'associations forcées, d'entraves insuffisantes, qui ne faisaient que pousser de Charybde en Scylla, qui prouvaient certainement les bonnes intentions des hommes, mais les vices du système.

Il fallait faire l'inverse de ce qui a été fait ; au lieu d'instituer la vente à la criée à la place Vivaux, il fallait l'introduire dans les quatre halles, où le poisson se vend en détail.

M. Marquis demandait dans son article la liberté des enchères, on ne conçoit vraiment pas comment on a osé, un seul moment, y mettre obstacle. Mais nous allons plus loin que lui. La vente à la criée doit être *facultative*. Il faut non seulement que le public, revendeuses , particuliers , restaurateurs , administrations, etc. puissent y venir acheter, ou aller ailleurs ; mais il faut encore que le producteur puisse choisir ce mode de vente ou tout autre. La seule manière, pour la vente à la criée , de se rendre obligatoire pour le producteur et le consommateur, c'est de faire mieux que ses concurrents ; pour qu'elle réussisse, pour qu'elle vive , il faut qu'elle ait sa raison d'être, qu'elle rende des services réels. Cette manière de s'imposer n'eût été blâmée par personne.

Si cette concurrence de la vente à la criée eût forcé les revendeuses à mieux faire, la concurrence réciproque des revendeuses contre le nouveau système eût été la meilleure et la seule garantie du producteur et du consommateur. On avait ainsi enlevé au monopole toute sa puissance nuisible par l'introduction de la concurrence.

Si l'on avait voulu nous entendre, nous aurions conseillé la concession d'un étal dans chacune des quatre halles, où l'on aurait vendu à la criée, ou autrement, mais à la condition de ne percevoir sur les produits de la vente qu'une commission fixe de 2 ou 3 p. %. Consommateurs et revendeuses auraient été admis à acheter directement ; l'exagération des prix aux étaux des revendeuses aurait rejeté le public acheteur vers le nouvel étal; et cette concurrence, on le voit, sans détruire les revendeuses, aurait ramené leurs prétentions à un taux raisonnable.

Le producteur aurait été libre de s'adresser aux revendeuses ou à leur concurrent; il serait allé vers celui qui aurait le mieux soigné ses intérêts, et l'aurait servi le plus économiquement.

Enfin, le pêcheur aurait pu lui-même apporter sa marchandise, ou se faire représenter par un commissionnaire, selon que son intérêt le lui aurait conseillé, ou même s'adresser directement au facteur.

En un mot, en tout et pour tout, liberté entière, et entre tous les agents, concurence réelle.

Les effets de ce système, chacun les devine. A l'encontre des revendeuses, nous les avons suffisamment indiqués : diminution de leur nombre, réduction de leurs prétentions, concurrence équitable, abolition réelle et

juste des inconvénients de leur privilège. Pour le public
et le producteur : la marchandise ramenée à sa vraie
valeur, vendue avec le moins de frais possible , par conséquent économie et bénéfice à répartir entre eux. Pour
la poissonnière même, puisqu'on y tenait essentiellement,
on aurait trouvé là la seule concurrence équitable et
possible.

Mais, disons-le, quoique chacun l'ait dejà compris , le
pêcheur se servira toujours de l'intermédiaire de la
poissonnière. Le triage et la séparation des diverses
qualités du poisson exigent des soins méticuleux et
féminins , dont une grande administration n'est pas
capable ; ces opérations mal faites peuvent ruiner le
pêcheur. Qui s'en acquittera mieux que la poissonnière?
Toujours amie ou parente du pêcheur , elle est encore le
plus souvent intéressée , comme bailleur de fonds à la
prospérité de son débiteur commandité. Repousser la
poissonnière , c'est forcer le patron à suivre lui-même sa
pêche , pour en surveiller la vente ; pour lui éviter une
commission insignifiante , c'est l'obliger à perdre dans
la semaine deux ou trois jours de travail ; que l'on cal-
cule s'il y a économie bien entendue?

A côté de ces résultats heureux et que chacun doit
reconnaître inévitables du système que nous proposons,
que l'on mette ce qu'a produit et ce que doit produire
pour tous le système actuellement adopté.

Les poissonnières ont été ruinées , il n'y a pas à en
parler. Le pêcheur a vu sa marchandise mal soignée ;
mal vendue , il s'est trouvé entièrement à la merci des
revendeuses, qui pourront fort bien un jour de pêche
abondante laisser se perdre des quantités considérables ;

ces craintes se réaliseront un jour, et le forceront à déserter son ingrate profession. Outre la taxation arbitraire et les prix réduits que lui ont imposés des agents subalternes; il a eu à subir des lenteurs dans la vente et des retards dans le paiement; il a enfin été obligé à des déplacements qui se traduisent pour lui en perte de temps et de travail, c'est-à-dire, d'argent. Le public a payé et paiera plus cher que par le passé, car jamais il n'a été mieux livré à la discrétion des revendeuses. Et pour être juste dans nos plaintes, peut-être faut-il plaindre même les organisateurs de ce système mal agencé, pour lesquels il n'a été et ne sera qu'une source de déboires, de tribulations et de ruine.

Les revendeuses seules ont à se féliciter, se féliciteront-elles long-temps?

Terminons ces lamentations de Jérémie, par quelques considérations sur la question de crédit. Autrefois, le patron recevait de la poissonnière une note payable à vue, qui entrait dans la circulation comme billet de banque, et avec laquelle il faisait argent, sans avoir à subir aucune perte de temps, ni d'agio. Le remplacement d'agents exercés et attentifs par des agents novices et surchargés de travail amène des erreurs, et le patron ne peut plus escompter le billet dont le chiffre est erroné, de crainte de se rendre toute réclamation impossible. Une erreur l'oblige à venir à Marseille. Son équipage mal payé se décourage et puis l'abandonne. La substitution d'une signature nouvelle à des signatures dès long-temps accréditées a déjà mis les patrons dans l'impossibilité de se servir des facilités que leur offrait la négociation au pair de leurs factures sur les poissonnières. Mais il est encore une question plus grave. Lorsqu'un patron aura besoin d'une somme importante pour réparer ses avaries, ou remplacer ses filets perdus, où trouvera-t-il un bailleur de fonds, toujours disposé à prêter sur l'avenir le plus incertain? Lorsqu'un matelot intelligent voudra venir augmenter le nombre des approvisionneurs de notre marché, qui se fera son armateur, et encouragera ainsi cette profession, qui ne se perd déjà que trop et sur laquelle repose pourtant tout l'avenir de notre marine nationale?

Et enfin, n'oublions pas que des contrats existent, en vertu desquels presque tous les pêcheurs pourraient être expropriés de leurs bateaux, dans les délais les plus rapprochés ; que les tribunaux ne sauraient se soustraire à l'obligation d'en ordonner la cruelle, mais légale exécution ; que les poissonnières, privées de leur honnête et laborieux commerce, se verront un jour dans la nécessité d'avoir recours à leurs capitaux, devenus exigibles ; et que ce n'est que par leur répugnance pour des actes justes, mais rigoureux, par leur patience à supporter des privations qu'elles n'ont rien fait pour mériter, par leur espérance, s'il faut le dire, d'un avenir meilleur, qu'à l'heure qu'il est il existe encore des pêcheurs, et que la population n'est pas privée d'une denrée, sur laquelle repose son alimentation.

Autres causes de la cherté du Poisson. — Conclusion.

Nous avons terminé l'examen des améliorations à apporter dans l'organisation du commerce de cette denrée ; mais, quelque système que l'on adopte, sa manipulation délicate et difficile exigera toujours des frais considérables ; ses arrivages irréguliers demanderont toujours l'entretien d'une armée nombreuse d'agents, souvent condamnés au repos. Une amélioration , de ce côté , sera presque aussitôt compensée par l'accroissement de la population de notre ville, surtout de sa population flottante, et par une plus grande et plus lointaine exportation , rendue possible par les facilités des communications nouvelles.

Il serait injuste d'attribuer en entier le renchérissement de cette denrée au système qu'on a voulu corriger. Ce système, avons-nous dit à notre début, et il est bon de le rappeler, existait à une époque où le poisson se vendait à des prix très bas. Nous voulons bien admettre qu'alors le monopole des revendeuses, qu'il contenait en germe, n'avait pas encore acquis toute son extension et toute sa puissance nuisible. Mais on ne peut s'empêcher de reconnaître que , en dehors des causes signalées jusqu'à présent, d'autres causes de nature diverse viennent coopérer au renchérissement du poisson.

D'abord, les prix de cet objet d'alimentation ont subi, comme les prix de toute chose, l'influence de la dépréciation de la valeur monétaire. Il serait aussi difficile de se procurer le poisson aux prix d'autrefois, que de trouver à se loger pour le même loyer que l'on eût payé il y a vingt ans. Cette dépréciation de la valeur monétaire, qu'elle provienne de plus grands arrivages métalliques, d'une plus grande circulation de monnaie de crédit, ou d'un changement de rapport entre le capital et le travail, ne doit pas nous inquiéter ; hormis l'or et l'argent, elle ne change pas le rapport des autres valeurs entre elles. D'ailleurs, elle ne pourrait être combattue avec succès, et il faut bien vouloir ce que l'on ne peut empêcher. Enfin, si ce n'est au début, au moins après que chaque chose aura repris son assiette, elle ne doit produire que des effets favorables aux masses laborieuses, ce dont personne ne se plaindra.

Mais si une portion du renchérissement d'une chose peut provenir de l'abondance de l'argent, une autre portion peut avoir pour cause la rareté de la chose même. Cherté et rareté sont très-souvent synonymes. On peut s'étonner, à bon droit, que ceux qui se sont si bien enquis de l'une ne se soient pas préoccupés de l'autre. La constatation de cette rareté relative du poisson nous ferait sortir du terrain économique et commercial sur lequel nous avons maintenu la question. Pourtant qu'il nous soit permis de citer des travaux faits sur cette matière par l'Académie de Marseille, et que bien des académiciens ignorent peut-être.

En 1768, l'Académie de Marseille, émue de la cherté et de la rareté du poisson, proposa un prix pour le meil-

leur travail qui lui serait remis sur ce sujet : « *Quelles
sont les causes de la diminution de la pêche sur les côtes
de Provence et les moyens de la rendre plus abondante ?* »
Comme on le voit, la question ne s'agite pas pour la première fois.

Le 5 avril 1769, l'Académie décerna le prix au Mémoire composé, sur ce sujet, par le Révérend Père Menc,
dominicain. Nous n'entrerons pas, pour le moment, dans
l'examen des moyens proposés par le Révérend Père
Menc ; ils nous écarteraient de la question d'économie
commerciale que nous avons voulu traiter ; ensuite leur
critique ou leur approbation exigerait des connaissances
spéciales, pour lesquelles nous nous déclarons incompé-
tent. Nous nous bornerons à constater que l'idée ne lui
était même pas venue de demander l'établissement de la
vente à la criée comme un remède universel, que ses
moyens sont puisés dans une autre série de faits, et
que son Mémoire se termine par cette citation de
Sénèque :

Sapiens malum indicat, potens reprimit.

A toutes les causes de cherté que nous avons signalées,
il convient d'ajouter celles provenant du renchérissement
général des denrées alimentaires. Devrait-on nous accuser
de revenir trop volontiers à nos bœufs et à nos moutons,
il nous est impossible de passer sous silence la solidarité
qui lie les prix de la viande et ceux du poisson. Quand
l'une est chère, on en consomme un peu moins,
la consommation se reporte sur l'autre, et les prix se
nivèlent.

Dans le commerce de la boucherie aussi, nous l'avons

déjà signalé dans un précédent opuscule, le nombre
des revendeurs détaillants est trop considérable. Trois
ou quatre cents bouchers se partagent un débit quotidien
de 40 bœufs, de façon que chaque étal est obligé de
prélever ses frais et son bénéfice sur un dixième de bœuf
environ. De l'abattoir en ville, la viande subit une
augmentation de prix de 50 p. %. Le monopole cons-
titué, sinon de droit, mais de fait, en l'absence d'une
concurrence intelligente et sérieuse, a permis cette mul-
tiplication des intermédiaires, dont le travail impro-
ductif peut être assimilé à celui des ateliers nationaux
de fameuse mémoire, qui avaient au moins pour eux
l'excuse des circonstances. Le remède au mal était facile
à trouver, la presse et le public l'ont reconnu : l'absence
de concurrence avait fait tout le mal, la concurrence
pouvait tout guérir. Diverses tentatives, pour frapper
de l'aiguillon ce commerce endormi, ont été essayées,
et n'ont pas abouti. Que faut-il penser d'une ville de
commerce, oublieuse à ce point de ses propres intérêts
et des principes sur lesquels repose sa puissance? Qui
secouera cette apathie de l'esprit public, qui finirait
par ressembler à de l'égoïsme, et à de l'égoïsme mal
entendu? Qui fera comprendre à nos riches commerçants,
à nos puissants industriels que laisser, à Marseille, les
denrées alimentaires atteindre des prix plus élevés que
partout ailleurs, équivaudrait à faire peser sur les
matières premières de leur commerce et de leur industrie
un impôt, dont leurs concurrents étrangers seraient
affranchis ? On se récrie contre les plus faibles droits que
perçoit la Douane, et l'on supporte patiemment un impôt
illégal de 50 p. % que l'inintelligence des bouchers
prélève sur la consommation.

La consommation annuelle du poisson, pour Marseille, est de 1,500,000 francs ; celle de la viande est de quinze millions. Dans les deux commerces, le mal est le même ; on ne comprendrait pas qu'on se fût préoccupé du plus faible, pour négliger le plus important. Que l'on fasse baisser le prix de la viande et le prix du poisson baissera.

Si la partie de la population, à qui devrait revenir l'honneur d'une généreuse initiative, continue à se renfermer dans une affligeante indifférence, nous avons le ferme espoir que l'autorité, dans l'intérêt des classes pauvres, se verra dans l'obligation d'agir. L'essai, tenté sur le poisson, en est un sûr garant. La hâte apportée dans la conception et l'installation d'un système nouveau a pu compromettre ses conditions de succès, mais il n'y à pas lieu de désespérer encore. L'intention de l'autorité a été comprise et justice lui est rendue ; les espérances qu'elle a fait naître ne seront pas trompées, nous en avons la conviction. On peut même dire qu'elle s'est placée dans la nécessité de vaincre, car en administration, comme à la guerre, on n'a droit au repos qu'après une victoire.

Il résulte de ces études que le mal n'existait pas où on le supposait, que le remède a été faussement appliqué, que l'opération a été manquée, et qu'il est urgent de revenir sur ce qui a été fait. Les intérêts en souffrance des poissonnières, des pêcheurs et des consommateurs en font une question d'humanité, de justice et d'ordre public ; l'avenir compromis de notre marine en fait une question nationale des plus importantes.

Nous ne nous sommes occupé de l'arrêté du 26 septembre dernier qu'au point de vue des principes écono-

miques ; quant à sa mise à exécution, nous ne sommes
entré dans aucun détail, nous avons poussé l'indulgence jusqu'à ne presque rien en dire ; nous avons voulu
éclairer l'opinion, non l'irriter. Nous avons cherché la
vérité partout où elle pouvait être ; nous nous sommes
attaché à fixer le point de départ d'une enquête sérieuse
et impartiale. Qu'on cesse de faire à la théorie un crime
de sa sage prévoyance, pour faire à la routine et à l'em-
pirisme un mérite de leur aveuglement. Rien ne pourra
réussir en dehors de ce principe fondamental, que nous
n'avons pas inventé, que les meilleurs esprits ont toujours défendu et à qui Marseille doit sa fortune, le
principe de la liberté commerciale et de la concurrence
réelle ; exprimons le vœu que ce que l'on tentera s'en
rapproche le plus possible. Là est la vérité ; là se trouve
le succès ; car le vrai est toujours juste et bon.

MARSEILLE, le 23 novembre 1855.

Marseille. — Typ. et Lith Barlatier-Feissat et Demonchy, place Royale, 7 A·